칠곡할매시 시화집

내 친구 이름은 배말남
얼구리 애뻐요

권연이 외 91명

칠곡 인문학도시 총서

칠곡할매시 시화집
내 친구 이름은 배말남
얼구리 애뻐요

ⓒ 권연이 외 91명, 2018

발행일	2018년 11월 30일
기획	칠곡교육문화회관 / (사)인문사회연구소
총괄	신동호
편집	김슬기
작품선정	고영직 이강은 이정화
그림 · 디자인	시와
출판	코뮤니타스
문의	(사)인문사회연구소 ihss@ihss.kr

ISBN 979-11-85591-80-3 (03810)

칠곡할매시 시화집

내 친구 이름은 배말남 얼구리 애뻐요

권연이 외 91명

<일러두기>

· 이 시화집은 '칠곡 인문학도시 총서'의 일환으로 제작되었습니다.
· 이 시화집의 맞춤법과 표기는 칠곡군 할머니들께서 쓴 그대로를 옮겨 온 것입니다.

들어가며

  칠곡할매시 시화집 『내친구 이름은 배말남 얼구리 애뻐요』는 경상북도 칠곡군에 사는 할매들이 마을학당에서 쓰고 그린 글과 시화를 엮어낸 것입니다. 경상북도 칠곡군에는 2006년부터 마을학당이 생기기 시작했으며, 현재 26개 마을학당에서 평균연령 78세의 할매시인 400여 명이 함께 글도 쓰고, 그림도 그리고, 밥도 해먹고, 연극도 하며 살고 계십니다.

 칠곡 마을학당은 그 이름도 다양합니다. 왜관읍 금남리 『매봉서당』, 북삼읍 보손 1리 『해바라기학교』, 기산면 영2리 『한솔배움터』 등 할매들이 직접 마을학교의 이름을 지었습니다. 마을학당에서 할매들은 가슴 속 깊이 꼬깃꼬깃 숨겨 두었던 지나온 삶의 이야기를 꺼내어 한 글자 한 글자 써내려갔습니다. 그렇게 탄생한 주옥같은 글들이 1,500여 편에 달합니다.

 북삼읍 어로리 보람학당의 손분석 할매는 '연필을 깎아 글도 쓰고/땅을 파서 콩도 심고/쌀 농사도 지어 밥도 하고/해야 할 일이 너무나 많지만/오늘도 공부와 연극을 배우로 달려갑니다.'고 하십니다. 약목면 동안리의 동안학당 이이자 할매는 '오널은 화요일 경노당에/한글공부 하러 가야한다/새가 빠지게 걸어서 오니 숨이 차리'는 글을 쓰셨습니다. 노년에 알게 된 배움의 기쁨이 너무 좋아서 할매들은 농사일이 아무리 바빠도 수업시간이 되면 학당으로 갑니다.

'총성이 잦았던' 할매들의 어린 시절, 가난에 시달려 '밥 묵고 살라고' 일만 했던 젊은 시절, 할매들은 글을 배울 수 없었습니다. '그를 몰라 세상이 다 답따'는 가산면 학산리 학산배움터의 권연이 할머니께서는 '선새니미 갈카줘도 잘모르이/다답따'라고 하시지만 '그래도 글씨는 잘쓰려고 한다'며 공책 위에 글자를 꾸욱 꾸욱 눌러 써내려갑니다. '팔십 평생 처음 한글 배우러 왔다'는 북삼읍 숭오5리 용우학당의 박순조 할머니는 '지금공부하니 참 재미 있습니다/어머니 아버지도 배우고/내 이름도 배우고/ 손자 이름 이상우도/배운다'고 좋아하십니다.

학당에서 돌아오면 할매들은 공책을 펴 놓고 하고 싶은 이야기를 풀어냅니다. 할매들의 글쓰기는 깊은 자아성찰에서 더 나아가 주변을 돌아보는 것으로 이어집니다. 할매들의 글에는 살아온 삶의 주름이, 자연의 아름다움이, 정겨운 이웃과 마을 이야기가 가득합니다. 진정한 생활 속 인문학을 하고 계신 것이지요. 약목면 교리 향교한글학교의 권영화 할매는 옆에서 공부하는 친구의 얼굴을 보며 '내 친구 이름은 배말남 성주댁/가을을 조아해요/얼구리 예뻐요/성주댁 이를 잘해요/친구가 있어 조아요' 라고 시를 씁니다.

'동안이세요.'라는 말이 칭찬으로 자리 잡은 요즘, 권영화 할매의 시는 자연스러운 노년의 아름다움을 말하고 있습니다. 그렇습니다. 세월의 주름이 가득한 할매의 얼굴도 예쁩니다. 무엇이든 빠른 것, 새 것이 좋다고 여겨지는 오늘날 할매들의 시는 조금 느려도 괜찮다고, 있는 그대로 예쁘다고 우리를 위로합니다. 멋 부리지 않은 지역언어 입말 그대로인 할매들의 시는 문법에는 맞지 않을지언정 따스한 생태적 감수성과 윤리적 태도, 감사와 연대의 마음을 고스란히 담고 있습니다.

할매들의 시는 2015년 할매시집 1권 『시가 뭐고?』(도서출판 삶창, 2015)와 할매시 노트 1권 『사랑이라카이 부끄럽다』외 3종((사)인문사회연구소,2015)으로 출간되어 '경상도 친구 하나는 있어야 이해하는 재미난 시집'으로 큰 관심을 받았습니다. 그 다음해에 할매시집 2권 『콩이나 쪼매 심고 놀지머』(도서출판 삶창, 2016)와 할매시 노트 2권 『작대기가 꼬꼬장 꼬꼬장해』(코뮤니타스,2016)가 출간되었으며 2018년 11월 할매시 시화집 『내친구 이름은 배말남 얼구리 애뻐요』(코뮤니타스, 2018)를 출간하게 되었습니다.

칠곡할매시 시화집 『내친구 이름은 배말남 얼구리 애뻐요』에는 고영직 문학평론가, 이강은 경북대 노어노문학과 교수, 신동호 (사)인문사회연구소장, 이정화 작가가 추천한 칠곡할매시 103편과 할매들이 직접 그린 시화에서 모티브를 얻어 시와 작가님께서 그려주신 삽화가 함께 수록되어 있습니다. 칠곡할매 시화를 통해 독자 여러분의 마음이 따뜻해질 수 있길 소망합니다.

2018년 11월
편집자 김슬기 드림

1장 조아 죽겠고 미버도 죽겠다

다답따	권연이	14
옆자리 친구	권영화	15
상골 농장	권영화	16
감	김난향	19
오만데	김말분	20
풀과의 전쟁	김정자	21
그래도 배워야지	김춘자	22
친구	나정순	23
쫑이	박갑입	24
국화꽃	박주순	27
농사	배효향	28
네발 오토바이	배효향	29
시작	서원숙	30
우서버 죽게따	안윤선	31
앞 집에	이명순	32
아들의 커농	이분란	35
구두	이원순	36
화요일	이이자	37
여행	장달수	38
단풍	장말병	39
한글공부	전필선	40
나는 몰라	정계순	43
고마운 우리 영감	조귀분	44
사는 이야기	조위향	46
비	최옥자	48
선생님	황경순	49

2장 들깨갈비

엄마 생각	강금연	52
깻잎	강흥석	54
무화과	권순혁	55
슬픈 기억	권안자	56
곳추 삼백보이	김말순	58
고양이	김형주	59
어린 시절	김순식	60
옛날 추억	문선영	62
할미꽃	문식이	64
깻잎	문춘자	65
들깨 갈비	박점순	67
잡초	박정순	68
콩타작	박태분	69
억질로 사릿다	박화자	70
삼산	박후금	72
김치	배석출	73
내 얼굴	성경애	75
봄 꽃	손점춘	76
우리 엄마에게	손점춘	78
품싹	신순화	81
감 따는 날	이필선	82
가을	임순조	84
감 꼬리지	정남식	85
고 어머님 전	정두이	86
억지로	정상분	89
도토리 묵	추유을	90

3장 나도 자란다

학교	곽무연	94
가시오이	김명자	95
콩 농사	김정순	96
연필	김해옥	98
도시	남영자	99
국화	노선자	100
어릴 적 꿈	도쌍연	103
마을회관	류광순	104
한글 공부	박순조	106
구래용	박월선	108
밀가루 쑥죽	서원숙	109
우리 어머니에게	소수연	112
참 좋은 시	소화자	114
발걸음	손분석	116
서당골 학당	송옥남	118
받아쓰기	송일선	119
내 소원 한글공부	신태순	120
나도 자란다	유정남	122
양파	이명순	124
병원	이묘연	126
아들	이복순	127
아프다	이순조	129
잘한다	이순조	130
나에 꿈	조정하	132
시작	최영자	133
한글이란 나의 꿈	최두용	134

4장 처음 손잡던 그 날

처음 손잡던 그 날	강금연	138
국시	곽두조	139
사랑	곽두조	140
철 없던 시절	김기선	142
도래꽃 마당	김두선	144
어무이	김수연	146
가족사진	박복형	147
영감	박금분	148
한 번 더 부고 싶다	박복형	151
보고싶은 엄마에게	박춘자	152
우리집 텃밭	배말남	154
영감	배임선	155
옛날 기억	배석출	156
개구리	손재점	158
영감에게	신순화	159
난생 처음 주는 박	유지란	160
밥 묵고 살라꼬	이분수	161
용이이빠 에제	이영분	162
보리 고개	이정	164
고생 끝 행복	이이자	166
내 고향 달오동네	이종희	167
행복 1번지 내 고향 금남리	이학연	168
가난	장오희	170
불쌍한 우리 엄마	조을생	171
그리운 당신께	최순자	172

1장 조아 죽겠고 미버도 죽겠다

다 답따

권연이

그를 모르이 세상이 다답따
선새니미 갈카줘도
잘모르이 다답따
공부 하고 시머도 모하이 다답따

그래도

글씨는 잘쓰려고 한다

옆자리 친구

권영화

내 친구 이름은 배말남 성주댁
가을을 조아해요
얼구리 애뻐요
성주댁 이를 잘해요
친구가 있어 조아요

상골 농장

권영화

아드리 염소 새마리를 사와다.
일찍 이러나서 청소도 하고
드래가서 풀도 뜨더 주고 한다.
이년 대니 여덜 마리가 대여다.
염소가 너무 잘 크니 자랑을 한다.
상골 농장 할매 자랑 할만하지요.

감

김난향

올게 감을 마이 딴는데
아들 딸 전부 갈라주고 나이
내 물거는 반 상자 나뚜고
농사 지가 팔지도 아나고
전부 갈 라 묵고
그것만해도 조타

오만데

김말분

다리가 아파서
아무거도 모하다
오만데 다 다쳐서
힘들다
커도 자알 안드려셔
오만데 가뫄도
안 된다고 한다
자꾸 답답다
애가 터지고
속상하다

풀과의 전쟁

김정자

저녁 놀 빛나는 하늘
아침 여명 맑은 공기
꿈꾸던 시골
행복의 상쌍
오? 꿈은 살아지고
풀과의 전쟁
나와 인내
풀이 이겼다

그래도 배워야지

김춘자

한글공부 늦게 배우니
새로 태어나는 아기같다

공부라는 이름이
너무 아름답다

한글공부 잘 하려고
애를 써도 머리에
들어가지 않는다
어쩌면 좋을까

그래도 배워야지

친구

나정순

옆집 친구가 호미를 들고
바구니 매고 감 밭 매로 간다
나는 감은 없고 운동을
따라간다 우섭지
남은 일하로 가는대
따라 가는 나 우습지

쫑이

박갑입

개 이름은 쫑이 라고 합니다
우리 쫑이하고 놀개되면 참 재미가 있읍니다
아침에 시간이 되면 나를 일어 나라고
소리를 지릅니다

나만 보면 밥 달라고 끙끙거립니다
하는수 없이 나도 먹다 말고 쫑이를
조금 주고 합니다
나하고 쫑이하고 둘이 살고있습니다
나는 쫑이를 잘 알고 있습니다

국화꽃

박주순

장꼬방에 오복하이
옛날 국화 피었다
할매도 옛날 사람
비 오면 비 맞고
해뜨면 해살맞고
보골보골 하니 피었다
용산댁 딸이 내년에는 좀 달란다
좀 주지 만은데

농사

배효향

촌에서 자라가
아무젓도 모르고 아무것도 모햇다
지금도 농사 말고는 아무짓도 모해다
베운거 도둑질이라고
는 잘한다
상추 고추 참외 잘 키운다
다 잘 키운다 보람있다
늙어서 농사 지으면 아프던데
나는 농사가 젤로 쉬버에
카고삽다
배효향이는 농사가 재미다

네 발 오토바이

배효향

아들이 엄마카고 부른다
내 차가 들어온다
나가보니 발통이 네개
달린 오토바이버
걸어다니는 엄마 힘들다고 사왔비
아이고 아들이 최고
아들이 사졌다고 자랑하고 싶지만
부그럽다
한 번 타고 나가보까 싶다가도
부그럽다
기분이 조아서 아들 사랑한다라고
말했다

시작

서원숙

회관에서 한글공부 시작 이란다
집안일도 많은데……
오리밥도 줘야되고
강아지도 밥달라 놀아달라 난리인데
어머님들 공부시간에 도우미 하라니.
난 아직 할~~매도 아닌데.
그런데 이럴수가!
얼마나 좋은지
오리밥 개밥 좀 늦게 주면 되지뭐.
공부가 뭐 문제가
나도 어머님들과 같이 웃고 떠들며 늙어가는
좀 젊은 할매다.   아싸!

우서버 죽게따

안윤선

배불러 죽겠고
배고파도 죽게따
더버 죽겠고
추버도 죽겠다
조아 죽겠고
미버도 죽겠다
쓰고보이 우서버 죽겠다

앞 집에

이명순

마루에 앉아 있으니
앞 집에는 사람이 살지않아서
텅비어 있는데
지붕 위에는 덩불꽃이 활짝 피어서
나를 기쁘게 반겨 준다

아들의 귀농

이분란

젊은 시절에 능금농사 수천평 지었다
이제는 인생도 다 가고 나무도 다 가고
밭만 남아 있네
아들이 퇴직하고 농사 지으러 왔다
엄마하고 같이 있게 되네
경로당 놀다가 오면 집에 불이 환하니
얼마나 좋은지 마음이 든든하네
그런데 밥을 하라하니 힘이든다
그래도 아들이 최고로 좋다

구두

이원순

영감이 대구서 구두를
하나 사주더라
가죽구두라
가죽구라 디기좋대
사주더라
늘어섰다 오그라졌다
가죽 구두리 디기좋대

화요일

이이자

아침 8시에 밥을 먹고
요가학원을 가다
집에 와서 날시가 추에서 무우를
뽀았다 시개를보니 1시 40분
오널은 화요일 경노당에
한글공부 하러 가야한다
새가 빠지게 걸어서 오니 숨이 차라

여행

장달수

자석들이 강 건너 일본을 가자 한다
나를 아이처럼 데리고
여행을 간다
어리벙벙 자석들이 가자는데로
따라 다닌다
신기하고 마냥 좋아 한다
육남매를 키운다고 고생 만했는데
나만효를 본는다고 고생 만했는데
오래살다보니 다른 나라에도
가보고
언제 세월이 다가서
아이처럼 따라 다닌다

단풍

장말병

가을 하늘 높고
달도 밝고
들판에는 황금빛
앞뒤 산에는
단풍잎이 울긋 불긋
아름답구나
내 얼굴에는
까만 꽃이
하나 둘씩 피는구나

한글공부

전필선

내 나이 77세에 한글공부 배운다
남편이 있을 때는 바쁘게 살다가
혼자되니 너무 외롭다
그런데 한글공부를 배우니
참 좋다 기쁘다

아들 딸도 칭찬한다
선생님이 참 좋다

딸이 와서 단풍놀이를 갔는데
단풍이 너무 고왔다
나는 단풍 나무를 사진을 찍었다
나도 저렇게 고을 때가
있었다

나는 몰라

정계순

몰라 암만만 알리해도 몰라
기억이 없어 몰라
사시로 약 먹어서 몰라
금새 지끼진는 들어도 도몰라

그래도 배무려고 회관에
와있어

고마운 우리 영감

조귀분

23살 잠진 마을에
사는 사형제의 맏이와
결혼 했다 남편은
성격 급하고 표현은
서둘지마 속마음은 다정하다
57년을 함께 하였다
이미자 쇼 공연가서 내 손을
잡아주니 아직 설레인다
영감 더 오래 함께하고 싶소
고맙소

사는 이야기

조위향

위동래에서 자라 아래 동래로 결혼하여
사남매를 낳고 살았다

마늘을 혼자서 심고 그 이튿날 또 심고
삼일 심었다
무우를 뽑아서 저장을 하고
남은 무는 써러서 오그락지 하였다

들에 가 벼를 배어 집에 가져 왔다
탈곡을 하다가 공부를 하로 간다

가난한 집에 태어나 하고 싶은 공부도 못하고
팔십에 배움 학교에서 공부를 한다
선생님이 가르쳐 주셔도 받아쓰기를 하면
받침이 틀린다
잘하려고 노력을 해도 잘 안된다

비

최옥자

오늘은 소낙비가 내린다
비는 물이다 물 없이는 만물이 못산다
사람도 짐승도 식물도 비가 오면
해갈되고 싱싱하다
그러나 비가 오면
땅에 모든 오물이 씻겨 내려간다
온 세상이 맑고 깨끗해진다
비는 내려 먼저 낮은데로 내려간다
도랑으로 내로 강으로 바다로 들어간다
바다는 소금이다 들어간 물이 소금물에 정화 되어
다시 수정기로 증발한다 증발한 물은
비가 되어 다시 내린다
아 조물주의 조화 위대하다

선생님

황경순

선생님 만난지
어제 같는데
벌써 삼년이 지났다
선생님이 딸갓다
우리 딸캉 한동갑이다
한글를 또박 또박
선생님도 또박 또박
내 맘에 들어 왔다

2장

들깨갈비

엄마 생각

강금연

딸이 가다 차를 세운다
야야 와그래 차 세우노
엄마 요앞에 더디 걷는
할매보이 엄마 생각이 나네
우리 엄마도 저래 걸어가겠지 싶어서
빵빵 거리도 못 하고
딸이 그 말을 하이
내 눈에 물이 나네

깻잎

강흥석

세월이 어느듯 칠십 넘고
몸과 마음이 허전하다 들에 간이까
꽃도 피고 잎도 피고 벌 나비가 꽃데 앉자다
들국화가 피여 웁니다 꽃이 예쁜다
나 혼자 들에 간이까 옆 밭데 아저씨가
깻잎을 다다가 노래을 부르다
나도 깻잎을 다다가 서걸분 마음이 들어서
청춘 돌려다오 하고 노래를 불러다
평생에 깻잎을 다다가 독독 소리가 들리며
거소리가 내마음이 즐겁다

무화과

권순혁

꽃도 피지 않은
무화과 이상한 열매
익으면 너무 달콤하고 맛이
좋아 산까치가 먼저 맛을 본다
산까치 너는 맛을 너무 잘 알아
까치가 먹다 남은 것을 따 먹으면 너무 달아
오늘은 내가 먼저 먹을래 까치야~~

슬픈 기억

권안자

나의 비정한 어머니는 일본인이었다.
나를 낳고 몇 달 만에 나를 두고가
버렸다. 온갖 고생을 다 하며 혼자
나를 키우신 아버지.
총소리가 많았던 내 어린시절
우리 동네 뒷산에 빨갱이 잡는다고 불을 질러서
내 치마에 불이 붙었다.
자고 일어나면 길에 시체도 많았다.

고생만 하던 아버지는 내가 일곱 살 때
돌아 가셨다. 그 뒤로 나는 남의 집에
맡겨져서 힘들게 살았다.

어떤 말로도 글로도 할 수 없는게
내 마음이다.

곳추 삼백보이

김말순

곳추 삼백보이 시어더니
곳추가 빙이 안서 잘 대서
마니 달 수 있지
한 보기 한 건 달 수가 잇지요
농사진넌 사람덜이
그 채미로 진넌다고 함니다
그런대 참 곳추가 참담 시리여러서
오롱종롱 여러마니 여려씀니다
볼소록 마이 여럿다

고양이

김형주

우리집 고양이가 새끼를
한 마리 낳다.
고양아 너라도 마이 낳지
나를 닮만나...

어린 시절

김순식

육요사변에 아버지를 잃고
나는 아홉살 동생에 기저귀을
갈아줬다 울어 싸서 애먹었다
어머님 우리을 키우기 위해
장사을 가고 동생하고
나는 우는 동생 등에 업고

엄마을 기다리다 지쳐
잠든 동생 등에 업고 업드려
같이 잠이 들어 버렸다

옛날 추억

문선영

어머니, 아버지, 언니, 동생 7식구가 살았습니다.
사는게 너무 힘들어 저를 나무 집에 주었서요.
그러나 제가 집에 오고 싶어 못견더
집에 오니 아버지가 꾸짖었서요.
그리고 집에서 소도 미기고, 보리 이삭도
줍고, 산나물도 뜯고, 산나물 뜯어
오촌 집에가 쌀 바까오라고 해서 가기 싫어
울며 갔서요. 그 때는 너무 힘들었서요.

세월이 흘러 18살때 독감에 걸려 머리카락이
다 빠졌서요. 친구는 한약 먹고 나았는데 우리
엄마는 개똥만 계속 삶아서 먹이고 나를 낫게
하셨서요. 옛날 생각하면 목이 메입니다.

할미꽃

문식이

발 길 하나 들지 않는 양지 바른 곳에
피어있는 나는 할미꽃
허리 꼿꼿히 장미들 사이
사연 많은 보라색 반겨주는
봄이 가고 여름이 오면
알록 달록 여름 꽃 뽐내도록
이제 고개 숙이이고 나는 할미꽃

깻잎

문춘자

아침 일잽
깻잎 따어 밭에 갔다
깻잎 딸건 많은 대
몸이 말을 들걸 않은다
나이에 장사가 없다
깻잎을 따가지고 집에오면
멍멍 이가
꼬리을 치면 반갑다고
한다, 글에서 멍멍아, 너
집 잘보고 이서나

들깨 갈비

박점순

송정댁이 준 들깨잎
전 부쳐서 주인양반하고 나하고
맛있게 먹을라 했는데
아아고
벌레가 먼저 식사 하고
들깨 갈비만 남았네

잡초

박정순

우리 밭에는 잡초가
너무 많아서 해도 해도
끝치 없다 그러나 겨울이
오면은 서리가 와서
모두 해결할 것이다
잡초가 바람이 불어서 넘어간다

콩타작

박태분

가을에 검정콩 수학 해서
막대기로 타작을 했다
어떤 것은 한번만 두드려도
콩이 빠지고
어떤 것은 두번 세번 두들겨야
콩이 빠지고
어떤 것은 아무리 두들겨도
콩이 빠지지 안아
손어로 까야 한다
모든 것이 똑같지 안는 것을
세삼 느꼈다

억질로 사릿다

박화자

시집오니 신랑은 만날 돌아다닛다
나는 가마니 짜고 밤에 새끼 꼬고
아침에 소 죽 쑤고 밥하고 빨래하고
산에 나무하고 하루 종일 엉덩이 마를 날 업다

7남매 학교 봄낼라니 봄에 보리 메고
누애치고 악착가치 참외농사 20년
아이들 키우느라 등골빠짓다
이제 내 밥남 줄 일 있는디 지난 세얼 쓸쓸하다

삼산

박후금

삼산에 살 때
열입곱 살
새벽에 국군이
녹동으로 피난 안 가면 다 죽어요
하더라
걸어서 이고 지고해서
녹동까지 갔지만
친척을 두고 안 다시 돌아갔다
내 댁호는
삼산이다

김치

배석출

오늘은 김치 담는
날이다 김치 백 피기
고추 수므근 마늘
석접시 젓따겨느코
아들딸 주려고
통 담고 묘살났다
그래도 주고나니
마음은 조다

내 얼굴

성경애

이산 저산 다봐도 봄이오면 푸르네
가을이 오면 단풍이 드네
어쩌 내 얼굴엔 주름이 너르만 가내
내 얼굴도 산천처럼 봄이오면 활짝 피고
가을이 오면 생글 생글 웃으면
내 얼굴도 산천 처럼 활짝
피었으면 좋겠셨요

봄 꽃

손점춘

봄이오니 각색 꽃이 예쁘게 핀다

우리 담장에는 개나리 꽃이
곱게 피였고 꽃밭에는 자몽년
꽃이 내 얼굴 만하다

비가 시샘이나 하는지
꽃잎이 다 떨어진다

그래도 배꽃은 하얗게 피여
떨어지지 않고 예쁘다

올해는 배가 주렁주렁
열리겠다 마음이 흐뭇해서
자꾸자꾸 들여다 본다

우리 엄마에게

손점춘

엄마 나 어린 때에 흉년이
잘 들어서 모내기도 못하고
서숙을 많이 갈아서
조 밥을 하기도 하고 조당숙죽을 끓였지요.
나는 안 먹겠다고 고집을 부렸어요.
쌀 밥 달라고 울면서
엄마는 약탕 간에다 쌀을 넣어
밥을 지어 주었어요.

아이고 니가 무엇을 알겠노
하시면서 단지 밥을 해주셨어요.
지금 생각하면 내가 엄마를
얼마나 힘들게 했는지 마음이 아파요.
하늘에 계신 엄마
쌀밥을 먹을 때면
더욱 엄마가 보고 싶어요.
엄마 사랑해요

2018년 7월20일 딸 손점춘

품싹

신순화

금오산에 단풍이 오색
찰란하다.
우리 밭 감나무도 울긋
불긋 단풍이 왔다.
멧돼지는 저녁 마다
밭에 와서 밭 갈고
품싹은 감 따먹고 콩 먹고
저거 집에 갔다.

감 따는 날

이필선

감을 따서 서울 큰 딸한테 보내고
감을 따서 대구 사위한테도 보내고
지나가는 우리 선생님
감을 따주니
맛있다고 바잣바잣 먹습니다.
아고~ 기분 참 좋습니다.

가을

임순조

일찍 일어나서 텃밭에 쪽파를 심었다
배추 모종도 몇 포기 심었다
고추는 탄자병이 와서 잘안댔다

끝고추를 땄다 참하니 예쁘다
쪄서 말려야겠다

날씨가 조금 따뜻할 때 무시를 뽀바다
잎파리는 씨레기하고 무시는 김장하고
오그락지 해야겠다

감 꼬라지

정남식

회관에 친구와 나눠 먹을 전대
까치가 먹고 벌래가 먹고
아이구 감 꼬라지 하고는

고 어머님 전

정두이

원수에 대동화 전쟁중에
자애하신 어머님 오남에 딸 둘을
출가한 후 무슬의 그 말 듣고
고향을 이별하고 삼철이로 가보니
중국 땅에 닿았네요
금옥 같은 우리 동생 중국 땅의 무더놓고
그 후에 해방되여 고향에 올 때
소련사람 열차문에 보초서고

신이주 앞록강 거녀서
평양 공회당의 한달오 고통받고
밤에 걸어서 임진강의 배를 타고
황해도를 지나서 개성역을 보니
이재는 고향이다 대구 동촌 왔서
어머님 하신 말이 나는 또 와꾸나
그 말이 귀에 쟁쟁 눈에 삼삼합니다
할 말을 다 못하고 이만 끝치오

억지로

정상분

꼬따운 나이에
학산리 시집와서
쪼매 살다가
전쟁이 나뿌릿다
인민군인 줄도 모르고
밥도 가치묵고
살랏다
지금 생각해브이
우째 살랏나 십다
억지로 사랏다

도토리 묵

추유을

산에서 주운 도토리
아껴두었다가
추석 명절에 꺼내어서
묵을 만들었다

딸도 먹고 사우도 먹고
손녀 질녀도 먹고
묵 만들가가 힘들었지만
자꾸 웃음이 나온다

3장

나도 자란다

학교

곽무연

가방을 메고오니 좋다
선생님을 만나 좋다
공부를 하니 좋다
이름 쓸 수 있으 좋다

가시오이

김명자

오이 꽃은 노랑 꽃
파란 가시가 송송
거꾸로 매달려 밤새 잘도자라
쑥쑥 잘도 큰다

콩 농사

김정순

콩 농사 바빠 노인정 올 시간이 없에
지금도 한글 고부 끝나면
콩 따러 가야 된다

나는 두 벌 일 안 할러고
손으로 다한다
콩타작 할 대는
머느리 차가 왔다 갓다 한다
소으로 활대보다
쉽다

연필

김해옥

연필을 내가 쓰고 싶은 대로 쓴다
내가 김해옥이라 카면
김해옥이라 쓰기
내가 연필이라 카면 연필이라고 쓴다
참 희안하네
우에 내 마음을 잘 알고 술술 쓰는지
알 수가 업네
내가 쓰라는 거 쓰고 나면
머리 깍아달리고 잘
나오지도 안는다
오냐 그래 이발하러 가자
이발하고 또 신나게 써보자

도시

남영자

도시로 시집기고 싶어는대
내 맘태로 안 되드라
약목 촌에 시집와가
먹고 살라고 자식들 키울라고
안 해본 게 업다
도시로 시집갔으면
곱게 입고 곱게 화장하고
차도 몰고 떵떵거리면서 살긴다
이래 이야기라고 하이 속은 편타
지금도 도시로 시집 한 본 가보고 싶다

국화

노선자

당신과 차 한잔을 마시고 싶습니다
노랗게 말린 그리움을 우려내여
마음을 마시듯 그렇게
말이 없어도 좋습니다
노을이 걸린 서쪽 창을 배경으로
어느덧 서쪽에 다다른 내가
당신 향기를 국화를 국화차로 마십니다

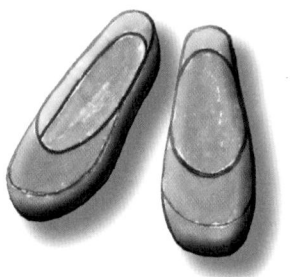

어릴 적 꿈

도쌍연

내 어릴 적 꿈은 노래하는 가수가 되는 거였다.
남들은 다른 집에 밥 해주로 서울로
갔는대 나는 서울로 가지 못해다.
가수가 되기 위해 서울로 가려고 했는대
내가 못간 이유는 신발이 업서서 였다.
집신을 신고 서울로 갈 수가 업섰다.
그래서 가수가 못대다.
나한태 검정 고무신만 있었어도 서울로 가서
이미자처럼 멋진 가수가 대었을건대 참 아십다.

마을회관

류광순

마을회관에 오면
겨울에는 따뜻하고
여름에는 시원하다
젊은 회원들이 나이 많다고
밥상 차려주면
나는 청소를 깨끗이 한다
내 마음이 기쁘다
저녁에는 한글 공부시간
모르는 것을 배우니
마음이 즐겁다

한글 공부

박순조

팔십 평생 처음
한글 배우러 왔다
지금 공부하니
참 재미 있습니다

어머니 아버지도
배우고
내 이름도 배우고
손자 이름 이상우도
배운다

구래용

박월선

누가 구래용 좀 줄 사람
뭐 칠갑하는거
그거 책에 대고 요래요래
문때는거
내가 걔잡으이 가따주께

밀가루 쑥죽

서원숙

그 언젠가 옛날
어느 흉년 초봄의 이야기 입니다
내가 기억하는 가난 그 목 먹고 살았던
단 하나의 기억입니다
시골 마을에 면직원 한사람과 이장님이
할머니를 찾아 오셨읍니다.
쑥 뿌리를 케다가
텃밭에 쑥밭을 만들라고 했읍니다
나라에서 밀가루는 배급으로 줄태니
어떻게든 먹고 살라고

쑥이 자라고 밀가루도 나오고 해서 끓인 쑥죽
푸리뎅뎅하고 수제비도 아니고
말 그대로 풀대죽 이라더니
그 어린 나이에 처음 먹어본
그 쑥죽이 맛있었읍니다
그런데 문제는 쑥이 너무 잘 자라니
물릴수 밖에요
코 흘리게 내 동생의 명언 한마디
할매 할매 이 죽이 맛은 있는데
자꾸 흘러서 옷을 버려서 어떻하냐고

너무 잘 커는 쑥이 미웠던
그래도 그 덕분에 굶지 않았던
그 아련한 추억 한 자락이
봄이면 어김없이 올라오는 쑥에 대한
그리고 그 가난에 대한 나의 기억입니다
지금 우리가 누리고 있는 모든 것에 대하여
감사하며 삽시다

우리 어머니에게

소수연

엄마 소비름이 뺄가이 올라오네요
일본서 소비름 먹어가며 우리 오남매 키웠지요
그러다 6살 때 왜관 와서 국화빵 구워
먹여 살렸지요
아부지가 일본서 말구루마 몰고 다니며 일했는데
조선 오이 아무것도 못해 엄마가
고생 많이 했지요
오늘 공부하면서 선생님이 엄마 한테
하고 싶은 말 쓰라하는데
옛날에 내가 담요로 버선을 만들어 신었는데
내가 머리가 안돌아가 엄마꺼는 못 만들었어요
그때 엄마가 야야 내꺼도 하나 만들어 오지
했던게 그래 포은이 지네요

그리고 그해 돌아가셨는데
얼마나 마음이 걸리고 포은지는지
마음에 맺히고 맺히네요
엄마 엄마한테 가면 담요버선 아니라
백파 버선도 아닌
비단버선 사드릴게요.
엄마 엄마 내가 비단버선 가지고
엄마 만나러 갈 때 까지
잘 지내세요

생각이 잘안돌아 갔던 딸 소수연 올림

참 좋은 시

소화자

시 놓치고 때 놓치면 안되지
옥캉 선여님도 아는 시
아들 딸 오남매 부르는 시
선조님에 칭찬 받는 시
나라에 충성하는 시
공부 시간에 글 배우는 시
참 좋은 시

발걸음

손분석

농사를 짓으며 살다 보니
재미도 없고 웃음도 없고.
항상 짱그리는 얼굴로 생활하다가
연극을 해보자는 선생님 말에
힘을 내어 공부도 하고 연극도 했습니다

연필을 깎아 글도 쓰고.
땅을 파서 콩도 심고.
쌀 농사도 지어 밥도 하고
해야 할 일이 너무나 많지만
오늘도 공부와 연극을 배우로 달려갑니다.

서당골 학당

송옥남

학생들은 7,8학년
뜰깨, 꼬추 거두고
마늘 심기에 바쁜 가을
수업 시간이면
눈방울은 천한 유치원생
일찍 못배운 한
즐거운 모습으로 화기애애
선생님의 부드럽고 정겨운 배려에
학당은 언제나 즐거운 쉼터

받아쓰기

송일선

공부하러 가면 받아쓰기 한다
받아쓰기 하는 거 힘든다
마이 힘든다
모르이
그래도 백 점 맞는다
선생님이 갈쳐주이
솔직하이
나는 진짜로 백 점 받고싶다
머리에 안 들어오이
아휴우

내 소원 한글공부

신태순

나는 글자라는 글을 모르고 살았다
그러나 나이를 먹고 세상을 살다보니
너무나 답답했다 일만하며
산다고 했는대

세상이 바뀌었다 배워야 겠다고
생각해서 아들딸 등 너머로 배웠다
내 선생이다 지금은 마을회관에서
한글 공부를 한다

내 이름도 쓸수 있고 숫자도 안다
한글 선생님도 고맙고
우리 아들 딸도 고맙다

나도 자란다

유정남

내가 며칠 없는 사이에
친구들은 공부 방에서
공부를 많이 했을 것을
생각하니 마음이 바쁘구나

고추야 오이야 가지야
이 가뭄에 얼마나 목이 말랐니?
이제 네가 목을 축여주마
나도 너희들 보기 전 까지
목이 많이 말랐단다
이제 너희들은 물 먹고 자라고
나는 글자 보고 자란다

양파

이명순

양파를 심으르고 두 단을 샀다
한 단은 보라색 한 단은 흰색이다
줄기가 실란것 부터 심고
약한것도 다 심었다
흙도 덥고 물도 주었다
땅이 마르면 또 물을 주고
풀도 뽑고 잘 매 주었다
줄기가 튼튼한 것이 더 잘 자란다
땅은 사람이 수고한 만큼 열매를 거둘 수 있다

양파는 혈당을 낮추게 한다
양파는 모양도 예쁘고 둥글다
사람에게 유일을 준다
나도 세상 살면서 양파 같은 존재가 되면 좋겠다

병원

이묘연

사흘드리 가고
오늘도 가고
딸너 집에 갔다와와도 가고
내 아파가 맨날 가는 데
우예든지 나사주고
우예든지 안 아프게 해주고
나사줘서
행복 주는 데

아들

이복순

아들 둘 가치
살아서 조타
그래도
장개 가서
가치 살면
조켓다

아프다

이순조

어제 자빠져서 팔에 멍이
들었네 아이고 아프다
대동의원에 가서 침맞고
약도 짓고 집에 와서 점심
묵고 누벗다
한글 선생 볼라고 유모차 밀고
살살 가보자 아파도
배우로 가야지 집이 있으믄 모하노

잘한다

이순조

선생이 자꾸 잘한다 잘한다
친구들도 자꾸 잘한다 잘한다
나이 90이 넘은 할마이가
머그리 잘 한다고 하는지 모르겠다
그래도 잘 한다 한단
박수도 친다
내가 공부를 잘 한단다
그래서 박수도 친단다
그래 90 할마이 이순조 공부 잘한다

나에 꿈

조정하

나는 어렸을 때 꿈이
엄마 되는게 제일 좋았어요.
엄마가 나하고 같이 있는 시간이
없어서 나는 엄마가
그리워서 엄마가
볼일 보려 가면 항상
골목에서 기다리고 있었어요.

시작

최영자

세상에 이런 일이
내가 한글 공부를
가난이 원수라
어려서 모한 공부
이 나이에 자 - 시작이다
버스 번호도 보고
거리 간판도 일고
얼마나 조으노
야호-------------------!
내 인생 이제부터다

한글이란 나의 꿈

최두용

침침한 눈 안 보이는 눈을
보이게 해주기 때문이다
처음에 글을 몰라
은행가기가 어려워서
힘이 들드니 지금은 마음대로 할 수 있어
정말 고맙구나
한글은 만병통치 약이다

다리 무릎이 아파서
앉았다가도 일어서기 힘든
나이 팔십 하고도 하나 나이에
한글은 치료제다
고맙고 감사 하단다

4장

처음 손 잡던 그 날

처음 손잡던 그 날

강금연

처음 손잡던 그 날
심장이 쿵덕거린다
도둑질 핸는거 보다 더 쿵덕거린다
벌벌 떨리고
부끄러버서 고개를 들도 몬하고
60년이 지나도 그 때 생각이 난다

국시

곽두조

요사람하고 평생 살아야 한다
명주 바지저고리 입고
아들 손잡고 나가마
멀끔하이 보기 조타
다리가 뭐라 캐도
내 마음이 푸근하이 조타
국시 미는 날 비 오면 밀도 뽑고
콩도 뽀까준다
국시도 곱게 써러가 한 그릇 담아내마
그 날은 싱걸벙걸 잘 묵으마 기부니 조타
우리 양반 국시 한 그륵만 더 끼리 주고 싶다
그리마 조케다

사랑

곽두조

사랑이라
그때는
사랑 소리는
입에 대도 안 했고

선물은 줄줄도 몰랐을 때라
저녁에 꼭 안아 주마
그기 사랑한다는 뜻이라

철 없던 시절

김기선

어릴 때 아침이면 소를 산에 갔다 났다
친구들하고 도랑에 가제 미꾸라지 잡고
나무꺼거 불 피아 납닥돌에 꾸버먹엇다

소를 몰고 집에 오면 엄마가 추어탕 끌여 주었다
섬머슴아 나는 국그릇에 미꾸라지 와 업노
투정을 부렸다 철이 업어
채에 걸른 걸 몰랐다

도래꽃 마당

김두선

옛날에 나랑내이 살마묵고
쌈도 싸묵었다
나랑내이 씨꺼가
손에 착 돌리 놓고 밥 놓고
딘장 착 올리가
똥그라이 싹 오마가 입에 쏙 넣고
불룩해지도록 씹으마
구시하이 맛있다고
영감이 입에 한 바가지 벌어진다

마당에 도래꽃이 만타
영감하고 딸하고 같이 살던 우리집 마당에
도래꽃이 만타
도래꽃 마당에 달이 뜨마
영감생각이 더 마이 난다

어무이

김수연

가난한서 못 묵고 자라치
오라버니가 머슴살이해서
쌀 밥아오인 그 묵고 지랐지
집 져서 살라이
어무이 죽고 업너업네
딸 너이 아들 하나
지금 잘 먹고 잘 사는데
어무이가 업네

가족사진

박복형

가족 사진 찍고 나서
영감 온 김에 둘이서 한번 찍었네
그때가 38살 쯤이지 시푸네
어감이 부끄러버서 안 찍으리 카가
기냥 슬그머니 사진 찍대
그게 딱 하나 남은 산진이다

영감

박금분

옛 날에 좋다 캐도
꼿도 한번 못 바댔다
꽃이 뭐꼬
밭에 가가 일만 잘 하마 좋다 카더라
그 때는 법이 그런거더라
그 때는 법이 그런거를 우야겠노
옥양목 저고리 소매 끝에
찌들었는 때를 마카 주모다가
매매 씨꺼도 잘 가도 안하고
매매 비비고 있으마
영감이 짚을 가꼬와가 양잿물에 비비 시꺼준다
우얀 일이고 싶다가도
치대고 삶아가 뽀애진거 보마 영감 생각난다

한 번 더 부고 싶다

박복형

나는 섭섭내 살다보이
우리 엄마 생강각도 마 못했다
남매로 살다 보이 정도 마니 못 냈다
아는 많지 우글우글 거리니까
할매가 마이 키았다
클 대는 그래 컸지
우리 엄마는 하도 머리개가
클 때는 그래 커노이
참말로 엄마 생각도 마이 업네
그래도 우리 엄마라 한 번만
더 불러 보고 싶다

보고싶은 엄마에게

박춘자

토끼 사냥 하러 합동산에 부덧쳐서
허망하게 보낸 남동생도 보고싶이요
옥산 위의 큰 소나무 누구한데도 말 안했는데
사연도 교동도 많아 속상해 엄마 가슴이
아파요.
그리고 엄마 네무네무 살퍼요
인자하신 아버지 순진한 엄마 사랑해요.
옛날에는 잔칫집 맨날 불리다녔어
잔칫상 잘 차리는 거 잘하는 엄마 생각나요.

그러고 또 6.25 전쟁나서 우리 피란 갈 때
내가 동생 업고 엄마는 아기를 가져서
몸이 무거워서요.
산에서 엄마를 기다리다가 못 만날 뻔
했지만 찾자서요.
우리집 마당에 감나무가 역시로
큰 게있어 감이 주렁주렁 달려보니깐
엄마가 할머니한대 시집살이 대게 많이
할 때 감을 보고 좋해서요.
돌라가신 엄마 보고시퍼요.
엄마 사랑 해요.

사랑하는 딸 춘자드림

우리집 텃밭

배말남

집에서 혼자 있으면서
집 앞에 텃밭이 있어 배추도 심고
무우도 심어 아들 딸이 오면
뽑아주고 한다.
아들 딸이 고맙다고 한다.
잘 먹고 있다고 한다.

영감

배임선

아이고
그 옛날이 원망스럽소.
우째 그렇게 살았소
지금 옆에 있으면
쥐어뜯어 주겠구만
일찍 가기 잘했소
그 곳 하늘에서 잘 사시요.

옛날 기억

배석출

옛날에 클 때 아홉살 때
아침에 눈꼽도 안 떨어졌는데
엄마 아부지가 소 몰고 올라가라 했다.
해만 넘어가면 소 몰고 내려와야 하는데
내려오는 내리막에 황소가 암소한테 덮쳐서
내가 깔려가 큰일 날 뻔 했다.

또 한번은 마당에 나락이 수북이 있는데
닭이 쪼길래 내가 빗자루로 쳤는데
닭이 성질이 급해서 또르르 구불러 죽었어.
정지에 시쿠먼 솥이 있었는데 그 따뜻한 옆에
거꾸로 들고 서 있으니 닭이 깨어났다.
어렸을 때는 꾸지럼들은 기억이 많다.
그 세월은 다갔다.

개구리

손재점

되고 십은 거도 업고
그 시절 어려버서 꿈이 잇니 뭐가 잇나
한 날은 바테가서 임히고 오니
아버이가 국을 끌여가
내보고 간을 보라 칸다
국자로 히히 저서가 간을 볼라 카는데
이거내꼬 기절 자빠져
개구리가 다리를 작작 벌어가 둥둥
떡 나닌다 카이
그 때는 그래 따 묵을거 업어서
지금 생각해도 내는 못못 묵굿다

영감에게

신순화

한 집에 살면서도
미안하다고 말 안해지
집 짓고 논사일 하고
힘들어도 짝정 내지 말고
일해 팔십 나이지만
일하느라 힘들지만 참고
사라, 사랑해

2018년 3월
신순화 올림

난생 처음 주는 박

유지란

나는 사남매를 두었는데
너는 삼십 남매를 열었구나
동서도 주고 앞집 뒷집 다 나눠주고
저 멀리 윤동댁도 나눠주고
난생 처음 심은 박은
나에게 행복을 주었구나

밥 묵고 살라꼬

이분수

내 7살때 밥 묵고 살라꼬
충청도로 갔다가
9살에 대구로 돌아왔다
그카다 중씨가 농사지라 캐가
심천으로 왔다
이래도 저래도 배골으께
큰 올키가 굴머도 같이 굼꼬
머도 같이 먹자 캐가
여섯이 한집에 다 살았다
그카다 시집오이 마음고생은 해도
배는 안골고 살았다

용이 아빠에게

　　　　　　　　　　　　　　　　이영분

봉암리에 이사 온 지도 어연
이십 년이 넘였구나
당신이 떠난지가 십여 년이
되였구나

나는 살아서 손자 손녀
재롱 보는데 당신은
보지 못해서 오늘따라 생각납니다

2018년 3월 9일
이영분

보리 고개

이정

처음 시집와서 살림을 차리니까 너무 없어
집에 있는 것은 조그만한 솥 양재기 두 개
숟가락 두 개 뿐이었다.
양식도 없고 어떻게 살아가나 막막했다.
겨우 쌀 닷 되를 구하면 남편 밥해주고
도시락 사주고 하면 내 밥이 없었다.
쌀 닷 되 가지고 얼마나 먹을 수 있나 생각하면
밥을 넉넉하게 할 수가 없었다

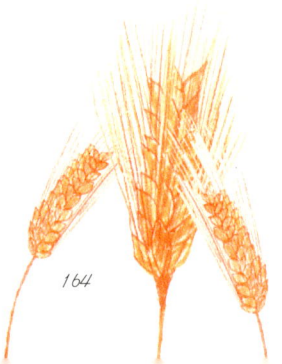

옛날 어르신들이 말하기를 뻐꾹새 울고
십오일 있으면 보리를 먹는다고 하였다.
뻐꾹새 우는 소리 듣고 십오일만 견디면
보리 조금 심어 놓은 것으로 밥을 하여서
실컷 먹어야지 하고 생각 했다.
무엇보다 배고픈 고통 참기 힘들었다.
머리 속에는 먹는 것 밖에 생각나지 않았다.

고생 끝 행복

이이자

돈 벌라꼬 직물공장에서
달동네까지 걸어 댕기고
그때는 집마다 수도가 잇나
대구 시내 공동수 있제
내 쪼맨해도 기운이 시니까
물 한 석짐 져다 날랐을끼라
딸 다섯이가 다 직물공장 다니면서
이교대 했지
그때 이교대가 얼마나 힘들었다고
나는 뭐 빌어서 먹고 사는기
엉기가 난다
촌에 시집와가 농사 지은고 살아보니
그 시절이 그립다

내 고향 달오동네

이종희

벽진 이가 집성촌
달오 동네 내 고향
공부 잘해 서울 가
소식 없던 오촌 아재
보고 싶던 아재는 어디가뿌고
송장 되가 묻히러
고향 온다 카네
서울에서 그래 번청 하게 살아도
고향이 좋은 갑다

행복 1번지 내 고향 금남리

이학연

내 고향 경상북도 칠곡군 왜관읍 금남리는
행복 1번지라요
봄이면 쑥이며 달래 냉이 한나절 호미질에
소쿠리가 가득
저녁 쑥 국에 입맛 돋아나고
여름 저녁이면 마당에 덕석 깔고
모깃불도 피우고
햇보리 빠사가 지은 깡 보리밥 양푸이나
대지비에 담아
신내이 나물 지리기에 열무김치 서꿋코

꼬장 푹 떠가 썩썩 비비고
풋고추 딘장 한뭉티기 푹 찍어가
쓱 비묶고
가을이면 추수한다꼬 바뿌지만
겨울이면 이미 저리 쌀 거다다 모듬떡 해
먹고 이른저른 재미난 이야기 하고 지내는
생각만 해도
온 천지가 내꺼 맨쿠로 기분 좋은
내 고향 금남리
진짜로 행복 /번지라요
이 좋은 내 고향 금남에 놀러 한 번 오세요

가난

장오희

어릴 적에는 너무 가난해서
밥도 배부르게 먹지 못하였습니다.
봄이 되면 쑥을 뜯어 쑥죽 끓여먹고
학교 간 동생 보면 괜시리
마음만 아팠습니다.
지금 와서 생각하니
밥도 배부르게 먹고 학교 와서
선생님 한테 공부를 하니
마음이 부자입니다.

불쌍한 우리 엄마

조을생

이십대에 산골에 시집와서 우리 육남매를
나아 키울 적에 먹을 것도 없는 가난에
남의 품팔이로 연명했지요
교육도 못 받고 자란 우리 형제들을
가난에 시달리면서도 자식에 대한
애정으로 남 못지않게 키우셨지요
큰 오빠 일본에 강제징병으로 잡혀가서
하늘이 무너지고 땅이 꺼지는 아픔을 격으며
그래도 둘째 딸 사랑 받으며 행복하게
살다가 출가했습니다
이십대에 시집와서 칠십둘에 돌아가신 엄마

그리운 당신께

최순자

여보!
당신과 살면서 생전에 불러보지 못한 이름이요.
시어른들 앞에서 부끄러워서 생색도 못내었소.
그러나 한번은 불러보고 싶은 단어
당신과 이별한 봄 계절이 어느듯 유수와 같아
벌써 열두번째 지나 가는 군요.

아프다고 말 한마디 못하고
이별의 준비도 없이 내 손을 놓은 당신!
혼자 가는 길이 얼마나 힘들고 외로웠소.
당신은 다시 건너오지 못할 강을 건너갔지만
이곳에 남아서 당신을 그리는 이 사람의 가슴은
무거운 바위를 가슴에 얹어 놓은 것처럼
하루하루 아프고 이렇게 불안하오.

청춘에 우리 만나 가난했던 젊은 시절
남과 같이 살아 보겠다고 무척이나
노력 많이 했던 당신과 나 힘든 날이 많았지요.
그런데 왜 한번 가면 다시 못 올 그 길을
어찌 그리 쉽게 떠났는지
원망 하면서 묻고 싶어요

당신이 아끼면서 사랑한
두 아들의 결혼식도 못보고
홀로 계신 어머님 마저 생전에 나한테 맡겨두고
한 번 떠난 집 앞 길을 왜 다시 못 돌아오시는지
불러 보면서 많이도 울었소.
맏이라는 울타리를 나 혼자 버티면서 사는게
너무 힘이 들고 외롭소.

무슨 난관이 생겨도 의논하고 헤쳐나갈 옆 사람이
없으니 나 혼자 의기소침하면서 기운이 빠지요.
남편이 없으니 멸시를 받는 것 같은 생각이
많이 들어요.

수현 아버지!
이곳의 모든 일은 잊어주고
당신이 사는 세상에서는 재미나게 살아가기
바랍니다. 아프지 말고 사이요.
먼 훗날 내가 당신 앞에 서 때는
늙은 얼굴 알아보기나 할런지 궁금도 합니다.
아무튼 부디 잊지 말아 주시오.
당신이 이루지 못하고 보지 못한 꿈 같은 이야기
그리고 행복한 이야기 많이 만들어 놓고

큰 가슴 긍정적으로 살아갈 수 있는 사람이 되게
힘을 주시고
많지도 않은 자식 수현, 운현 두 아들과 며느리와
사랑스러운 우리들의 손녀들
행복한 가정 이루어가면서 잘 지낼 수 있도록
혼이라도 있으면 이슬 바람이라도 막아주세요.

오늘 이렇게 주소도 번지도 없고 부칠 수 없는
곳에 있는 당신께 몇 자 적어봅니다.

2018. 3. 29 당신 아내가